Die Eiche im Stadtpark

10 Jahre AG Mein erstes Buch

Bibliografische Information der Deutschen Nationalbibliothek
Die Deutsche Nationalbibliothek verzeichnet diese Publikation in der Deutschen Nationalbibliografie; detaillierte bibliografische Daten sind im Internet unter: http://dnb.d-nb.de abrufbar.

Impressum:

©Anett Leutritz, Arbeitsgemeinschaft Mein erstes Buch
1. Auflage 2019
All rights reserved
Herstellung und Verlag: BoD - Books on Demand GmbH, Norderstedt
ISBN: 9783749432332

Zur Arbeitsgemeinschaft „Mein erstes Buch"

Im September 2009 begann die Arbeit mit einem Schnupperkurs am Geschwister-Scholl-Gymnasium Haus II: Viele Schüler fanden sich ein. Viele Fragen wurden gestellt und eine Frage blieb mir im Ohr: „Wie viel Geld haben Sie mit ihren Büchern schon gemacht?" Meine Antwort darauf war: „Ich schreibe in erster Linie aus Freude – einfach nur so. Acht Schüler trafen sich anschließend wöchentlich in der Arbeitsgemeinschaft „Mein erstes Buch". Mit „Ein Eisbär in China" als Vorlage schrieben wir die Geschichte weiter.

„Zwei Bären auf der Schildkröteninsel" entstand. Kurze Zeit später nahmen wir uns einer E-Mail vom Atitlan-See in Guatemala an und entschieden, den Betrag aus dem Verkauf zum „Tag der offenen Tür 2010" zu 100% dem Bau einer ökologischen Kläranlage zu spenden. Von den 50 gedruckten Exemplaren, die wir herstellen ließen, blieben 27 übrig. Das sind 54%. Doch bevor wir diese 54% verkaufen und den Betrag überweisen konnten, war die ökologische Anlage bereits fertiggestellt und arbeitete. Dann kam ein großer Regen… und weitere Geschichten folgten. Einfach nur so? Meistens jedenfalls.

Licht, Liebe, Leben

So steht es über der Tür der Aula des Geschwister-Scholl-Gymnasiums. Zum „Tag der offenen Tür" 2019 teilten einige zukünftige sowie auch derzeitige Schüler und sogar ehemalige Schüler ihre Ideen mit uns. **Vielen Dank Arthur, Emina, Lara, Linnea und Michaela sowie für das Colorieren der Kohlezeichnung von Cecil Krause durch** eine unbekannte Künstlerin, die sich hoffentlich noch bei uns melden wird.

Diese kleine Sammlung von verschiedenen ausgewählten Geschichten der letzten 10 Jahre bedurfte vieler großer und kleiner Hände hinter dem Schwarzen auf dem Weißen, um die Farbe zwischen diesen beiden Grenzen entstehen zu lassen.

Danke ganz besonders für die Inspirationen, die auch Teil dieses Buches sind:

2009	von der Ameise 2 der Grundschule Bergsiedlung für "Ein Eisbär in China besucht die Grundschule Bergsiedlung"
2009	von Anna, Anne, Antonia, Chris, Luisa, Lusia, Melanie und Sarah vom GSG Zeitz für "Zwei Bären allein auf der Schildkröteninsel"
2010/11	von den zwei Preisträgern des Arthur-Wolfsohn-Preises für die Mitgestaltung des Buches "Emilia - diesseits und jenseits des Atlantiks"
2013	von den Kindern, Schülern von/vom: GSG Zeitz, GS Bergsiedlung, Kita "Bummi", Kita "Kunterbunt", Sekundarschule "Am Schwanenteich", Kita" Musikus und Erwachsenen rund um die Entstehung von "Zeitz, die unbekannte Stadt"

2014/15	von den Schülern der GS Bergsiedlung sowie des GSG Zeit bei "Nah und fern" und "Feuerwerk"
2016	von Kimberly und Johanna für das Manuskript des Bühnenstückes "Zwischen Ackerschachtelhalm und Zinnkraut"
2015/16	von der Klasse 1/2a der GS Zeit-Ost für "Vier Eisbären zu Besuch in der Grundschule Zeit-Ost" sowie "Märchenhafte Weihnachten in der 2. Klasse der GS Zeit-Ost"
2016	von den Kindern vom Kreativitätszentrum Zeit für "Lasst uns mit Freude singen"
2016	von den "Großen" aus der Klasse "Englisch mit Muse" in der Volkshochschule Zeit
2017	von den Schülern der Klasse BVJ-SZ-16-1 an den Berufsbildenden Schulen Zeit
2017	von den Kindern vom Kreativitätszentrum Zeit für "Ein Buch von Zeit"
2017	von den Kindern der GS Zeit-Ost für die gemeinsame Teilnahme an der "Reise mit dem Schulschiff Zeit-Ost"

Vielen Dank an all die Menschen, die mit ihren Händen an der Entstehung dieser Zusammensetzung beteiligt waren – wie immer nach dem Motto:

für mich-für dich-für uns-für euch.

Was bedeutet das?

Das ist Herzenssache frei nach Ecce cor meum.

52% für mich, d.h. an alle Schüler zu gleichen Teilen, deren Geschichten in diesem Buch veröffentlicht wurden.

26% für dich, d.h. für Anett Leutritz, um weitere Aktivitäten dieser oder ähnlicher Art durchführen zu können.

13% für uns, d.h. für alle beteiligten Schulen, deren Geschichten im Buch veröffentlicht wurden.

9% für euch, d.h. für Calpulli Cencalli – einer traditionellen Schule in San Pablo Tecalco, die sich für die Erhaltung der traditionellen Medizin, der Lieder, Geschichten und Tänze in Mexiko sowie über die Landesgrenzen hinaus einsetzt.

Nach ähnlichem Prinzip gelang uns bereits eine kleine symbolische Geste an:

- Schüler in der Theater-AG für ihre Ausstattung

- Menschen am Atitlan-See

- Menschen aus dem Tibet, die in Indien darauf warten, zurück in ihre Heimat zu dürfen

- Menschen aus Zeitz, die sich in Madagaskar am Auf- und Ausbau eines Krankenhauses engagieren

Ein Blatt Papier ist

ein Blatt von
einem Baum;

ein Ast von einem
Baum;

ein Stamm von einem
Baum;

ein Stück von einem
Wald;

mehr als nur eine
Bedeutung.

Beginnen wir im jetzt, hier und heute:

2019

Die große Katze

von Max Jahr

Einführung

Auf einem fernen Planeten,

nicht mehr in unserem Universum, lebten Lebewesen, die hatten keine Gefühle. Das konnten nur Riesenkatzen sein. Nur eine einzige Riesenkatze war anders. Sie konnte weinen, lächeln, lieben und sogar reden. Diese ganzen Dinge kann eine richtige Katze natürlich nicht, aber, liebe Leser, es ist eine Geschichte und bei Geschichten geht nun einmal alles.

Auf diesem Planeten war es auch viel heißer als auf unserem, mindestens doppelt so heiß wie in der Sahara.

Seid ihr bereit für einige Abenteuer mit der Riesenkatze?

1. Abenteuer: Die bösen Affen

Als die Riesenkatze einmal traurig war und weinend in ihr Holzhaus ging, sah sie, wie die Affen ihr hinterherrannten. Sie schrieben Brülllaute wie zum Beispiel: „Ukauka" oder Uralaurala". Nicht wundern!!! Solche Laute können die Affen auf dem Planeten nicht machen. Sie können nur zeichnen und schreiben. Das klingt zwar komisch, aber sie können nur 6 Buchstaben des Bachbradenalphabets. Das Alphabet hat 126 Zeichen. Wer denkt, dass das nur normale Buchstaben wie hier sind, der hat sich aber richtig getäuscht. Das ist ein Mix aus den lateinischen, griechischen, kyrillischen, chinesischen und arabischen Zahlen und Schriftzeichen.

Das sind die ersten 10 Buchstaben:

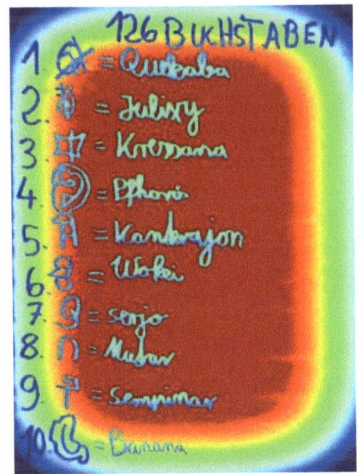

Also, um das Alphabet zu lernen, verstreichen schon einmal 5 Jahre. Das ist ganz schön lange!!! Dann gibt es noch die 7 Zahlzeichen:

$$\text{⅔} = 1, \text{≠} = 2,5, \text{⌀} = 22, \text{⊥} = 12, \text{∞} = \text{43} \, 924, \text{ʃ} = 765$$
$$\text{X} = 9,8$$

Schon die Zahlzeichen schrecken vor dem Lernen ab.

Dann das Bachbradenalphabet! Es ist noch viel schwerer zu lernen. Meister Bredkovar, der Elefantengiraffe,

hatte dieses Zahlensystem, dass auch Palinkaralphabet, genannt wurde, entwickelt. Warum Alphabet? Weil System alles Alphabet heißt.

Lukas Mississippihundewolf,
der Baumeisteroberchefleistungskommander – das ist jemand, der nichts macht außer Geld an Baumeister zu verteilen – ist erst wieder zum 560. Mal auferstanden. Das

ist so. Lukas ist immer ein Jahr da und verschwindet dann für einen Tag, 15 Stunden, 13 Minuten und zwei Sekunden. Dann leitet Paulenos Kreiselverderber das Geschäft. Er ist schon Koutrintawär.

Koutrintawär = Multimillionär
Ourintawär = Millionär

Es gibt eine Währung, die sich Ky nennt. Sie hat 15 Einheiten:

1 Nugran	=	1 Cent
1 Myan	=	1 €
1 Klyan	=	10 €
1 Krian	=	100 €
1 Migan	=	1.000 €
1 Sigan	=	10.000 €
1 Krischka	=	100.000 €
1 Nyeng	=	1.000.000 €
1 Grando	=	10.000.000 €
1 Wyan	=	100.000.000 €
1 Gryan	=	1.000.000.000 €
1 Geng	=	10.000.000.000 €
1 Meera	=	100.000.000.000 €
1 Mossi	=	1.000.000.000.000 €
1 Grani	=	10.000.000.000.000 €

Sie ist ganz schön schwierig. Diese Währung hat Mr. Bubble gemacht. Er ist der Elefantenkuhbullenschweigepflichtberatungshelfer. So etwas ist ein anstrengender Beruf, da man 25 Stunden im Einsatz ist. Dazu muss man wissen, dass ein Tag 65 Stunden dauert.

Jedenfalls hilft er der Schweigepflichtberatung, den Heilologen. Er berät sie, wie man es macht, Krankheiten zu verheimlichen.

So, jetzt aber weiter mit der Geschichte! Warum wurde die Katze so geärgert?

Ganz einfach: Weil sie Gefühle zeigt. Und wie ich schon gesagt habe, hier auf diesem Planeten gibt es keine Gefühle. Weitere Möglichkeiten gibt es aber auch noch. Macht euch eure eigenen Gedanken! Ich gebe hier nichts vor, alles ist der Fantasie überlassen.

Jetzt zu den Gründen, warum die Katze heulte. Die von euch, die Fußball spielen, kennen bestimmt das eins gegen eins Spiel. Die Riesenkatze ist sehr sensibel und sie hat bei diesem 1 gegen 1 Spiel verloren. So begann sie, zu weinen. Die Affen, die – wie gesagt – keine Geräusche machten, sondern nur einzelne Buchstaben zeichnen konnten, waren nicht in der Lage, ihn weder auslachen noch trösten zu können, denn sie hatten keine Gefühle. Das ist der Grund, warum sie ihn nicht verstanden.

2. Der Kampf um die Gefühle

Als die Katze sich wieder einigermaßen beruhigt hatte, kam sie wieder aus ihrem Holzhaus. Jetzt waren die Affen endlich weg. Sie gingen eine kleine Runde spazieren. Da sah sie, wie Riesenelefanten auf sie zu rannten. Schnell rannte sie in Richtung eines alten Krausers. So nannten sie die Bäume auf diesem Planeten. Dahinter versteckte sich die Katze. Die Riesenelefanten, die nicht so gut gebildet waren, rannten an ihr vorbei. Doch kaum hatte sie sich von diesem Schrecken erholt, wurde sie komplett blass. Plötzlich war Lukas Mississippihundewolf wieder da. Er fing an zu schreien. Die Katze konnte nichts entgegensetzten. „Du hinterhältiges Tier!" Was hast du hier zu suchen? Du bekommst eine saftige Geldstrafe!" Darauf die Katze: „Aber…!" „Nein, du zahlst mir jetzt die 2 Sigan!", schrie er weiter. „Oh, wie kannst du nur!" setzte die Katze dagegen. Aber da sah sie, wie Lukas schon weglief. ‚Das war ganz schön gemein.', dachte die Katze. Sie weinte nicht wie sonst. Wo waren nur die Gefühle hin?

Da kam ihr ein böser Gedanke. Sie machte die Riesenelefanten dafür verantwortlich, dass sie keine Gefühle mehr hatte. Sie wanderte los und wollte den Riesenelefanten ihre Vermutung mitteilen. Dabei wollte sie gar nichts weiter bezwecken, als zu schauen, wie diese darauf reagieren würden. Sollten sie erstaunte Gesichter machen, dachte die Katze, wäre ihre Vermutung wahr. Sie lief so schnell sie konnte. Doch fand sie nirgends eine Spur der Riesenelefanten. Sie drehte jedes Rugginicholloni um. Aber es war nichts zu sehen.

Rugginicholloni = Grashalm
Ruggini = Gras
Choloni = Halm

Jetzt ging sie voller Angst zu Malejstrakaschi Bodaheschkin. Er ist Firmenleiter der Brotekalomedabriskana.

[13]

Brotekalomedabriskana = Bäckerladen/Brotladen
Brotekalomeda = Brot/Brötchen
Briskana = Laden

Wieso hatte sie eigentlich so viel Angst vor Malejestrakaschi Bodaheschkin? Ganz einfach, weil er einen guten Kontakt zu dem Mississippihundewolf Lukas pflegte und dieser – wie auch die Alten auf diesem Planeten wussten – sehr streng war.

Sie fragte ihn, weil die Riesenelefanten den Duft von Künaanetätenlaronosaneriem mögen und dadurch angelockt werden. Und nur er kannte das geheime Rezept.

Künaanetätenlaronosaneriem = Käsebuttersalamikuchen
Küna = Butter
Anetäten = Käse
Laronosan = Salami
Eriem = Kuchen

Der Weg war weit. Nach einem halben Tag stand sie vor der Bäckerei und ging hinein: „Kannst du mir bitte den Lieblingskuchen der Riesenelefanten geben?" Er wurde wütend und schrie, als hätten ihn fünf Tiger gleichzeitig gebissen: „Wie kannst du mir nur die Frage stellen, ob ich dir den Lieblingskuchen der Riesenelefanten geben KANN? Erstens muss man nicht fragen, ob man den Lieblingskuchen der Riesenelefanten haben darf. Also das geht gar nicht! Das heißt: „Gib mir den Lieblingskuchen der Riesenelefanten!" „Ja.", sagte die Katze glücklich darüber, dass das Geschrei ein Ende hatte. „Wieviel Stück willst du?", fragte er schon ein wenig leiser. „Ein Stück genügt." Er gab es ihr und die Riesenkatze war zufrieden. Gleich nachdem sie draußen war, hörte sie das Getrampel der Riesenelefanten. In kürzester Zeit war sie von ihnen umgeben. Die Katze erzählte ihnen ihre Vermutung, dass die Riesenelefanten ihre Gefühle haben würden. Und tatsächlich. Sie blickten verdutzt und zeigten Mitgefühl. Die normale Riesenkatze hätte jetzt zu weinen angefangen. Aber die Gefühle waren ja einfach weg, nicht mehr da. Sie rannte so schnell wie noch nie in ihrem Leben. Sie wollte in ihr Holzhaus, um sich Gedanken machen zu können, wie sie wieder ihre Gefühle zurückbekommen konnte. Sie schrieb sämtliche Ideen auf einen Zettel. Das Riesenkätzchen überdachte alle Pläne. Ihr war alles Recht, um ihre Gefühle zurückzubekommen.

3. Der Ausruf

Welche Idee würde der Katze wohl am besten gefallen? Sie dachte noch mindestens einen halben Tag lang nach. Dann kam sie zu einem Entschluss:

Sie musste einen Aufruf schreiben, in dem sie um Hilfe bat. Es konnte nicht sein, dass andere Lebewesen ihre Einzigartigkeit raubten. Sie schrieb und schrieb bis ihr die riesigen Tatzen weh taten. Den ersten Aufruf hing sie an Krauser. Plötzlich kamen die Riesenelefanten wieder auf sie zu gerannt. Dann stoppten sie vor der Riesenkatze und sprachen gefühlvoll: „Du musst in die Menschenwelt und dort 10 gute Dinge vollbringen. Wenn du das geschafft hast, bist du wieder einzigartig. Und sei wohlwollend!"

Zwei Riesenelefanten stellten sich gegenüber, bildeten mit ihren Rüsseln eine Kreis und neigten sich zum Boden. „Komm, spring hindurch!", riefen die anderen. So wurde die Riesenkatze in das Jahr 750 auf die Erde teleportiert. Nun war sie allerdings keine Katze mehr, sondern ein alter, griesgrämiger, hässlicher Mann in einem weißen Gewand.

Das Teleportierabenteuer

von Cecil Krause

A. Aus der Zukunft

Wir schreiben das Jahr 3072, 31. Jahrhundert. In einem einsamen Dorf in den USA leben zwei Brüder: Sammy Krause, 12 Jahre alt, und Schaly Krause, 10 Jahre alt. Sammy mochte Schaly nicht. Doch das hielt Schaly nicht davon ab, ihren Bruder zu fragen, ob er nicht das Spiel „Conoby" spielen wollte. Er sagte: „Nein!" So beginnt ein Streit zwischen den beiden im Wohnzimmer. Auf einmal hörten sie eine Stimme aus heiterem Himmel: „Ihr müsst den Schlüssel zur Truhe finden und dann könnt ihr frühstücken." Sie mussten aber zuerst über einen Berg voller Spinnen gehen.

Als sie das geschafft hatten, konnten sie gleich zum nächsten Hindernis. Sie seufzten beide. „Nun müsst ihr über den 10 Meter breiten Fluss kommen.", tönte die Stimme.

Sie wollten beide als erstes auf die andere Seite und vergaßen, ein Team zu sein.

Da sprachen die Sterne: Ihr müsst zusammenarbeiten!" Endlich dachten sie gemeinsam nach und bauten eine Brücke aus Steinen und überquerten den Fluss.

Um an den Schlüssel zu kommen, mussten sie eine Leiter aus Stöcken fertigen. Dann konnten sie hoch auf den Baum klettern.

Da war sie – die Truhe.

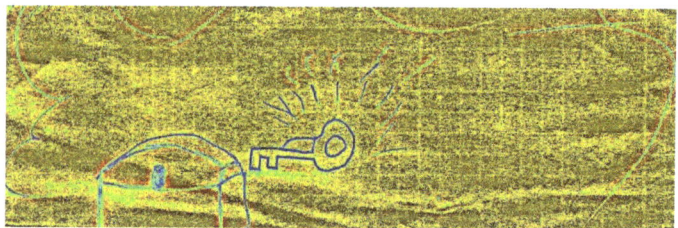

Zusammen wollten sie die Truhe öffnen. Und auch die Stimme war überrascht: „Glückwunsch, hier ist die Kiste. Öffnet sie." Flugs wurden sie ins Jahr 750 teleportiert.

„Oh.", sagte Sammy, „die Römerzeit." „Oh, nein!", dachten die beiden. Genau Heute am 31.7.750 ist Jagdsaison. Sie haben kein Erbarmen vor den Eindringlingen im Dorf. „Nein.", sagte Sammy, das ist eine sehr große Netropole" „Eine was?", fragte Schaly „Eine sehr große Stadt mit über 1 Mio. km² und über 500 Mio. Einwohnern." „Was!?"„Ja." wunderte sich Sammy. „Nun, wie kommen wir hier weg?" fragten sie sich verbittert. In diesem Moment sagte die Stimme: „Dort ist das Portal zurück." Man muss dazu sagen, dass sich rund um die Stadt eine gigantische Mauer zog und sie nicht um sie herum laufen konnten. Nun müssen sie irgendwie durch die Netropole kommen. Doch die Römer sind mit ungefähr

500 Millionen Leuten in der Überzahl. „Also, wie kommen wir durch die Stadt?" fragten sich die beiden.

Der große Kampf

von

Max und Cecil

Sie gingen einen Schritt nach vorn und liefen durch das mit Diamanten und Gold geschmückte Tor. Als sie drinnen waren, rannten sie zu einer leeren Scheune, die sie schon von außen gesehen hatten. Sie ruhten sich ein paar Minuten in ihr aus, und überlegten, wie sie zum anderen Tor gegenüber der Stadt kommen würden, dabei schliefen sie ein und als sie wieder aufwachten, regnete es. Wahrend Schaly dachte: „Oh nein!" sagte gleichzeitig Sammy: „Das ist genial!" „Warum?" „Weil die Römer alle in ihre Häuser gehen." „Wir haben freie Bahn." Sie gingen zu einem Haus und sahen dort eine Wäscheleine. Auf dieser hingen typisch römische Sachen. Sie zogen sie an. Doch Schaly hatte noch den Ohrring und den Spiegel vergessen. Den Ohring versteckte er in einer Hosentasche, denn es war verboten, in dieser Stadt Ohrringe zu haben. In die andere Hosentasche packte er den Spiegel, denn Glas kannte diese Stadt nicht.

Jetzt sahen sie aus wie zwei typische römische Knaben. So fühlten sie sich etwas wohler. Sie gingen weiter bis zu einem Tempel. Davor waren Wachen. Als Sammy und

Schaly sich vorsichtig näherten, stellte sich eine Wache in ihren Weg: „Die königliche Krönung beginnt. Raus oder rein?" Ok, lass uns hineingehen, schlug Sammy vor und zog Schaly mit sich. Am Eingang des Tempels angekommen, befahl der König mit lautem Ton: „Wir machen eine Eindringling-Kontrolle! Alle durchsuchen! Sofort!" „Oh, nein." flüsterte Sammy nur noch.

Die Wache kam zusammen mit dem König auf die beiden zu. Als der König den Ohrring sah, hielt er kurz inne und befahl den beiden: „Ihr werdet mit einem Drachen kämpfen." „Waaas?!", schrie Schaly. Doch schon wurden sie gepackt und in die Arena geschleppt. Dort wartete schon der Drache und spie fürchterlich Feuer. Sammy hatte eine Idee. Er holte den Spiegel aus seiner Hosentasche, hielt ihn vor den feuerspeienden Drachen und wie durch ein Wunder stießen die Flammen zurück auf den Drachen, so dass er tot zu Boden fiel. Als Sammy und Schaly den Platz verlassen wollten, sprang der König höchstpersönlich in die Arena und forderte die beiden zum Kampf auf.

Sie kämpften bis zur Erschöpfung. Dann kam ein Soldat hinzu. Er wollte gerade sein Schwert gegen den König erheben. Mit letzter Kraft schmiss sich Sammy dazwischen: „Was machst du da?", schrie er. Der Soldat – sichtlich irritiert – antwortete: „Er hat meine Familie getötet. Also töte ich ihn!" „Halte ein! Das Töten muss aufhören. Ein alter Mann in weißem Gewand kam hinzu. Auch wenn sein Gesicht böse aussah, strahlte er dennoch etwas Sanftes und Gutes aus. So reichte er den

Kämpfenden seine Hand und wollte den Frieden wieder herstellen.

„Dies wird dir nicht gelingen!" rief ein verbitterter alter Mann in beigen Gewand aus der Zuschauermasse. Alle applaudierten und grölten. Doch der Mann im weißen Gewand ließ sich nicht beeindrucken und fragte die beiden: „Wollt ihr leben?" Diese Frage irritierte die Kämpfenden und sie mussten eine Weile überlegen. Doch dann sagten beide gleichzeitig: „Ja." Plötzlich kamen zwei weiße Tauben geflogen und setzten sich auf die Köpfe des Soldaten und des Königs. Beide begannen zu weinen, warfen die Waffen nieder und umarmten sich.

Der Mann im weißen Gewand war kein anderer als die teleportierte Riesenkatze. Als alter Mann hatte sie ihre erste gute Tat vollbracht. Für einen Moment war das Herz zu spüren und das Gesicht wurde daraufhin ein wenig gutmütiger. Die Zuschauermassen waren plötzlich ganz still. Irgendwo aus der Menge begann jemand das Lied: „Dona nobis pacem" anzustimmen und jeder stimmte in den Gesang mit ein. Es klang so gut, aber zugleich auch traurig. Am nächsten Tag ging der alte Mann zu einem See auf der anderen Seite der Stadt.

Was passierte jetzt? Der Mann im weißen Gewand wurde plötzlich zu einem alten Haus im See teleportiert. Es war so alt, dass es schon zerfiel. Die Mauern waren mit Graffiti besprüht. Es sah aus, als hätten die Sprayer vor vielen Jahren aus purer Langeweile die Wände benutzt, um ihrem Frust Luft zu machen. Der alte Mann schaute sich um. Keine Menschenseele war zu sehen. Es war so still, dass selbst einem Polizisten angst und bange wurde. Er machte vorsichtig einen Schritt und hielt an, machte den nächsten Schritt und kam dem kleinen See näher. Dort glänzte etwas. Als er direkt davor stand, sah er, dass es mehrere glänzenden Stellen gab. Und das waren alles Haare von jungen Frauen. Die Frauen sahen so schön aus! Doch hatten sie so ein kaltes Blau an den Händen. Es sah so aus, als würden sie schlafen. Vorsichtig erfasste er die Hände einer Frau und wollte sie aus dem Wasser ziehen. „Wieso ist sie so schrecklich schwer?" Plötzlich erwachte die Frau und öffnete ihre Augen: „Danke.", und erst jetzt erkannte der alte Mann, dass er eine Meerjungfrau gerettet hatte. Das war seine zweite gute Tat. „Wer bist du? Und wie kommt ihr alle in diesen kleinen See? „Mein Name ist Nimsey. Wir alle sind Gefangene der Netropole und wurden vom großen Meer hierher gebracht, nachdem Neptunus der Netropole den Willen des Königs verweigerte. Er sollte ihm das Herz des Meeres aushändigen. Was er nicht tat." Traurig senkte sie den Kopf. „Willst du uns helfen? Wir warten schon seit langer Zeit auf dich. Du wirst viel berichten können." „Ja, gern." „Aber wie?" Flugs berührte sie das Herz des alten Mannes und er verwandelte sich in Sarah, ein kleines Mädchen. Die Meerjungfrau umarmte sie, schlug dreimal mit der Schwanzflosse auf das Wasser und beide gelangten ins Jahr 2012… . Sarah wurde plötzlich von zwei Jungen wachgerüttelt. „Schaly und Sammy? Und wo ist die Nimsey?" „Nimsey? Wer ist das?" Die beiden Jungen schauten sich verwundert an. „War es ein Traum oder war es Wirklichkeit." Und Sarah begann zu erzählen:

[22]

Zum Glück waren Ferien
von Sarah Fiedler

„Es war Sommer und ich war in den Ferien bei meiner Großtante Brunhild an der Ostsee. Jeden Morgen von 8.30 bis 10.00 Uhr nahm ich an einem Tauchkurs teil. In der Zeit bereitete Tante Brunhild das Mittagessen vor. Eines Tages fiel der Tauchkurs aus, da unsere Lehrerin Leonie Weber - wir dürfen sie immer Leonie nennen - zu einem Wettkampf war. Ich tauchte trotzdem freiwillig.

Während ich gerade tief auf dem Grund schwamm, begegnete mir eine wunderschöne silbrig glänzende Muschel. Ich wollte zu ihr hinschwimmen, ...da verfing ich mich im Seetang. Meine Luft wurde knapper und knapper! Mit einem Stock versuchte ich die Muschel zu mir heran zu ziehen…. ‚Geschafft!‘ Sie hatte scharfe Kanten und ich schnitt mit ihr den Seetang durch. ‚Luft, Luft! Schnell an die Wasseroberfläche!‘, dachte ich mir. ‚Endlich frische Luft!‘ Ich japste lange Zeit, bis ich wieder untertauchte.

Doch wollte ich diese Muschel unbedingt besitzen! Noch einmal tauchte ich unter und als ich diesmal die Muschel berührte, konnte ich unter Wasser atmen. Ich war sehr erstaunt über dieses Geschehnis. Aber noch mehr erschrocken war ich über meine Schuppen, meine Schwanz- und Rückenflosse. Oh, Gott, ich war ein Fisch! Was würde Tante Brunhild sagen, wenn ich nicht zum Essen komme oder wenn sie erfährt, dass ich ein Fisch bin!?

So beschloss ich, mich auf zu machen, und die Küste zu verlassen. Es wurde dunkler und dunkler. Oh! Was war das für eine große, kräftige Schwanzflosse!? Ich erschrak. Dieses Wesen aber auch! Ein Arm, ein Kopf und eine gesamte Meerjungfrau erschien. Schnell lernten wir uns kennen. Sie hieß Nimsey und erzählte mir von ihrer Robbe Lilly, die magische Kräfte hatte. Ich fragte sie, ob ich sie kennen lernen konnte. Traurig erwiderte sie mir, dass das nicht ginge, da Lilly von den Quallen der Finsternis entführt worden ist. Nimsey sah keinen Weg, Lilly zu befreien.

Nach langem Zureden überzeugte ich sie, den Versuch zu starten, Lilly zu helfen. Als wir am Tor des Quallenreichs angekommen waren, schmiedeten wir einen Plan und warteten, bis es dunkel wurde. Nachts drangen wir ins Reich der Quallen ein. Wir suchten den Kerker. Ihn bewachten drei große Quallen. Nimsey und ich versteckten uns hinter einem Felsen. Wer sollte sie ablenken und wer das Schloss vom Kerker öffnen? Ein Streit entstand! Wir diskutierten eine „lange Weile".

Nimsey überzeugte mich, die Quallen abzulenken, da sie Finger hatte und ich nicht. Mit ihren Fingern konnte sie ja das Schloss öffnen. Wir atmeten noch einmal tief durch, bevor wir unser Leben riskierten. Ich schwamm los. Doch da entdeckten mich die riesigen Monsterquallen. Also schwamm ich so schnell, wie ich noch nie geschwommen war, ich schwamm sozusagen um mein Leben! Mittlerweile war ich schon ziemlich außer Puste!

Als ich ein Stück entfernt war, begann Nimsey ihr Manöver, das Schloss vor Lillys Kerker zu knacken. Zum Glück hatte Nimsey eine wunderschöne hochgesteckte Frisur mit vielen Haarnadeln. Geschwind zog sie eine heraus und knackte das Schloss. Sie gab mir Zeichen die Quallen abzuhängen. Nur… was war das plötzlich!? Sie kamen von allen Seiten! Mir blieb nur noch eins übrig: Mit einem Ruck schwamm ich nach oben! Keine der Quallen existierte mehr.

Gemeinsam schwammen wir nach Hause. Dort überreichte Lilly mir eine Kette, die sie mit ihren Kräften erschaffen hatte. Sie dankte mir für die „sehr mutige" Tat. Mit der Kette konnte ich jederzeit ein Fisch sein, ich musste es mir nur von ganzem Herzen wünschen, erklärte Nimsey.

„Sarah, Sarah wach auf!" Tante Brunhild weckte mich: „Du hast bis halb zehn geschlafen!" meinte sie. Ich war traurig, dass es alles nur ein Traum war. Was sah ich da? Auf meinem Nachtschrank lag: Die Kette von Lilly.

Ob es ein Traum oder Wirklichkeit war, musst du selber entscheiden, für mich war es Wirklichkeit.

„Dann war das die 3. gute Tat.", freuten sich Schali und Sammy. „Wartet, die Geschichte geht noch weiter...

Sarah entschied sich tatsächlich, die Kette zu benutzen. Sie lief an die Ostsee und wünschte sich, mit der Kette in der Hand, ein Fisch zu sein...

Doch was war das? Plötzlich lag der Fisch auf dem Trockenen vor einem uralten Baum. Vielen Tieren bot er seit vielen Jahren ein Zuhause. Doch nun war der kleine Fluss, der den Baum mit Wasser versorgte, durch Geröll blockiert. Der Fisch nahm seine letzte Kraft zusammen, wälzte sich zum Fluss und versuchte, das Geröll zu beseitigen. Als die anderen Tiere das sahen, eilten sie ihm zu Hilfe. Sie stampften mit ihren Hufen, stießen mit ihren Hörnern und Geweihen, nutzen ihre Tatzen und Köpfe, um die Steine zu bewegen. In kürzester Zeit war die Blockade beseitigt und mit dem Fluss, der von nun an den Namen Michaela erhielt, schwamm auch der Fisch nach seiner 4. guten Tat davon... Richtung:

Meer
von Erik

Die Stronghe@ds lebten in einer verödeten Landschaft. Sie liebten es, die Landschaft zu veröden. Doch einer hasste das: „Ben Jerome". Er war ein Kunstliebhaber. Jeder warf seinen Müll ins angrenzende Meer. Aber Ben tüftelte einen Farbstoff zusammen - einen Farbstoff, der alles verändern würde.

Er schüttete ihn ins Meer. Plötzlich wurde alles regenbogenfarbig.

Der König befahl sofort Mr. Jerome zu fangen, um ein Gegenmittel zu erfinden.

Ben sprang auf sein Schiff, was eigentlich nur ein Kanu war.

Er wusste genau, wohin er wollte – zur Mitte. Die Mitte war die Insel. Sie war so flach, dass jedes Schiff, das einen größeren Bauch hatte, liegenblieb.

Mit seinem Kanu hatte er leichtes Spiel, da das Schiff des Königs ein großes war, das eigentlich nur riesige Frachten transportierte. Als die Besatzung des Schiffs bemerkte, dass sie keine Chance hatten, fuhren sie wieder zum Ödland zurück. Ben versicherte sich erst, dass sie auch wirklich zurückfuhren. Dann ging er in den Wald hinein, und fragte sich, warum das Gras hier grüner war als in der Heimat. Irgendwann ging der Tag zu Ende, und Ben bemerkte erst jetzt, dass er sich verirrt hatte. Er lief weiter und irgendwann sah er in einer Entfernung von 200 Metern ein Feuerlicht, es kam von einem Lagerfeuer. Ben lief in die Richtung, in der er es glühen und lodern sah. Als er immer näher kam, sah er eine Wolke mit Brille, ein großäugiges Wesen mit Schnabel und noch ein Stronghe@d. Er stand nun am Feuer, und die anderen sagten, dass er sich doch setzen solle. „Wie ist dein Name?", fragte die Wolke. „Ich bin Ben", antwortete Ben. „Ich bin Bernd. Und das ist Bob und der da: Das ist Joey. Können wir dich Objekt 362 nennen?" „Ja!" sagte Ben.

So lebten die vier in einer Gesellschaft auf Mitte in der Mitte, sie erzählten sich Geschichten und taten Dinge. Sie hatten nur ein Problem und das waren die Vorräte. Immer wenn sie nötig gebraucht wurden, waren sie nicht da. Man glaubte nicht daran, dass jemand anderes aus der Gruppe sie verbrauchte, so mussten es irgendwelche Tiere sein. Man konnte jedoch nichts machen und so kam eines Abends eine zweite Wolke, die alle Tiere verjagte außer die Fliegen, denn die nerven so oder so alle. Doch die Wolke verschwand schon bald wieder. Mixtli war ihr Name.

Sie hinterließ eine Nachricht und flüsterte in die Ohren eines jeden: Füttert die Tiere! Und alle werden genug zu essen haben. Das war die 5. gute Tat. Denn Mixtli war niemand anderes als der alte Mann, Sarah, der Fisch und die Wolke.

Kurz darauf stellten sich die Schwalben ein. Und sie begannen, sich von den Fliegen zu ernähren. Und mit den Schwalben kamen die Luchse, die Hasen, die Füchse, die

Rehe, die Hirsche und sogar die Bären und Wölfe zurück. Mixtli, die Wolke, verwandelte sich auf ihrem Weg zum Regen? Nein. Aber sie fiel tatsächlich vom Himmel und wandelte sich zur Lieblingsspeise der Wölfe – einem Mäusevater. Doch keine Sorge! Ben hatte auf der Insel mit der Schafzucht begonnen. Ein Zehntel seiner Herde war für die Wölfe bestimmt. Die Wölfe dankten es ihm und schützten seine Herde vor den Bären.

Dadurch war auf der Insel auch noch Platz für die kleinen Mäuse:

Pflanzenkunde bei Familie Maus
von Sarah Fiedler (2012)

Familie Maus war eine kleine Mäusefamilie mit 3 Mäusekindern. Sie lebten in einem kleinen Bau mit wenigen Zimmern: Bloß eine Küche, eine Speisekammer, ein Schlafzimmer und die Waschecke.

An einem denkbarschönen Sommertag ging Papa Maus mit seinen drei Kindern auf eine große Lichtung. Sie hatten Pflanzenkunde. Papa Maus zeigte seinen Kindern den Löwenzahn und erklärte, warum er so heißt sowie die Brennnessel und warnte sie diese niemals zu berühren.

Während sie sich gerade über die Taubnessel und ihre Besonderheiten unterhielten, kam plötzlich ein Windstoß und trug die Mäuse

über Wiesen und Felder. Sie wurden bis in eine große Stadt getragen. Als sie wieder zu sich kamen, lagen sie in einer großen Holzhütte. Während sie versuchten, aus der Holzhütte hinaus zu gehen, starrte sie ein großer sabbernder Hund an! Alle bekamen einen riesengroßen Schreck. In ihrer Angst zitterten sie fürchterlich. Zum Glück fand eins der drei Mäusekinder ein kleines Loch, durch das sie gerade so durch passten. Papa Maus blieb kurze Zeit stecken. Schnell kletterten sie hindurch, ehe der Hund es bemerkte. Gleich waren sie in einem anderen Garten. Die vier waren überglücklich, dass sie dem Hund entkommen waren. Sie überlegten, wie sie wieder nach Hause finden sollten. Auf dem Weg durch die Stadt verbreiteten sie Schrecken und alle liefen vor ihnen weg. Außer einer, ein älterer Bauer, interessierte sich für sie.

Papa Maus fragte ihn, ob er sie wieder nach Hause bringen könnte? Der Bauer daraufhin: „Mmm, ja vielleicht, wenn ihr mein Werkzeug unter dem Schrank hervorholen könnt!" Alle fünf waren sich einig und gingen zu dem Bauern nach Hause.

Mühelos schoben die Mäuse das Werkzeug unter dem Schrank hervor. Alle waren sehr froh: die Mäusefamilie, dass sie ein Dach über dem Kopf hatten, und der Bauer, dass er sein Werkzeug wieder hatte. Nach dem Abendessen legten sich alle sechs zu Bett. Zeitig am nächsten Morgen krähte der Hahn und sie wurden wach. Die Kinder waren müde und total unausgeschlafen durch die große Aufregung am gestrigen Tag. Papa Maus fragte den Bauern noch einmal, ob er sie nach Hause bringen könnte. Sehr bereitwillig meinte der Bauer: „Ihr habt mir mein Werkzeug wieder beschafft und ich kann endlich den Traktor des Nachbarn Krungelwitz reparieren. Ich bin euch etwas schuldig!"

Gemeinsam erklärten und beschrieben sie dem Bauern die Lichtung. Die Kinder hofften sehr, dass der Bauer wusste, wo sich die Lichtung befand. Der Bauer überlegte eine Weile. Dann sagte er: „Ich glaube, ich weiß wo eure Lichtung ist. Meistens gehe ich dort mit dem Jagdverein jagen." Nun machten sie sich auf den Weg. Nach ein paar Stunden kamen sie an der Lichtung an. Sie bedankten sich herzlich und verabschiedeten den Bauern.

Mama Maus hatte sich schon große Sorgen gemacht. Sie war schon im ganzen Wald unterwegs und hatte ihre Familie gesucht. Doch auf einmal standen ihre geliebten drei Kinder und ihr Mann in der Tür des Baus! Mama Maus traute ihren Augen nicht. Papa Maus und die Kinder erzählten ihr das anstrengende, aber auch aufregende Erlebnis. Mama Maus war sehr froh, dass ihre Mäuschen wieder zu Hause waren. Und die Mäuschen waren auch sehr froh, dass sie wieder zu Hause waren.

Doch schon am nächsten Tag machten sich die Mäusekinder wieder auf, um im Wald nach Schätzen zu suchen. Sie fanden Löwenzahn, Ringelblumen, Veilchen, Bucheckern und Eicheln vom vorigen Herbst, junge Brennnesseln und Breitwegerich, Leberblümchen, Buschwindröschen und vieles mehr. All die wertvollen Schätze der Natur, die sich jedem darbieten, wenn er mit offenen Augen durch die Landschaft streift.

***

Das war die 6. gute Tat – eine Reise mit den Kindern - die man als ein Vater – ob nun Maus oder nicht – tun kann. Doch wo die Maus ist, da ist auch die Katze nicht weit. Als der Mäusevater über das Feld streifte, sah er plötzlich ein helles Licht. Er lief darauf zu, fiel in ein großes Loch und wurde ohnmächtig. Als er aufwachte, war er keine Maus mehr, sondern eine schwarze Katze mit weißen Pfoten. Sie hörte ein fürchterliches Gebrüll auf dem Schulhof. Sie ging darauf zu und sah zwei Jungen, die sich stritten und schubsten. Mutig ging sie zwischen die beiden und schlich sanft um ihre Beine. Die Jungen ließen von ihrem Streit ab, schauten sich in die Augen, lachten und streichelten dankbar die Katze. Sie nannten sie Lara, denn die Sanftmut hatte gesiegt. Das war die 7. gute Tat.

Lara lief weiter und kam zu einem alten verlassenen Haus. Plötzlich tat sich eine Tür auf. Es war völlig dunkel. Doch die Neugier, die Katzen nun einmal haben, ließ sie die Treppen hinaufsteigen. Zum Glück war sie eine Katze und konnte dadurch auch im Dunkeln gut sehen. Oben angekommen, wurde Lara unglaublich müde und schlief ein.

Als sie am nächsten Morgen aufwachte und sich putzen wollte, war ihr Fell verschwunden. Stattdessen hatte sie ein T-Shirt am Körper und eine Hose an zwei Beinen an. Aus den Tatzen wurden Hände und Füße. Und um ihre Füße spielten 5 Katzenkinder. „Wo ist denn eure Mutter?", fragte sie die buschigen Wesen und nahm eins davon in ihre Hände. Da sah sie einen Brief in einem Körbchen:

„Liebe Emina, wir sind 5 Katzenbabies. Unsere Mutter hat uns verlassen. Hilf uns bitte!   Schnepfenthal 2019"

Zum Glück fand sie alles im Haus, um für die Katzen sorgen zu können. Ganz nebenbei konnte sie dort die Schule besuchen. Nach 8 Wochen war es soweit. Es fanden sich eine Familie aus Europa, eine Familie aus Afrika, eine Familie aus Asien, eine Familie aus Australien und eine Familie vom amerikanischen Kontinent, die je ein Katzenkind mit nach Hause nahmen.
Das war die 8. gute Tat.

Ein bisschen traurig war Emina schon, wenngleich sie sich für die 5 Katzenbabies freute. Sie lief in den nahegelegenen Buchenwald, lehnte sich an einen Baum und weinte. Ja, sie weinte tatsächlich. Hatte sie ihre

Gefühle wieder? Vielleicht noch nicht ganz. Denn sie war immer noch ein Kind auf einem fernen Planeten. Die alte Buche unter der Emina saß, lehrte sie im Traum die Sprache der Pflanzen und Tiere. Der Gesang der Vögel weckte sie am anderen Morgen. Wie durch Zauberhand befand sie sich in einem völlig anderen Wald in einer anderen Zeit. „Linnea! Linnea! Da bist du ja." Ein in Fell gekleidetes Mädchen mit breiten Wangenknochen kam auf sie zu. „Hilf uns, die Tiere zu verjagen! Sie rauben unseren Vorrat!" Waren das Neandertaler? Ups, auch sie sah völlig anders aus. Gespannt folgte sie dem Mädchen. Im Dorf angekommen, kam ihnen ein alter Mann entgegen: „Da seid ihr ja. Wir haben uns schon Sorgen gemacht. Anna, Linnea nehmt das Feuer und helft uns!" Linnea ging ganz ruhig Richtung Vorratskammer, setzte sich auf den Boden und begann ein Lied zu singen – so wie es die Buche sie gelehrt hatte. Auch die Neandertaler hielten inne. Tiefe Ruhe kehrte ein und die Tiere verließen langsam die Vorratskammer. Jeder kann singen. Doch nicht jeder versteht. Anna verstand und zeigte Linnea:

Die magische Quelle
von Johanna Maria Andreas
am Rasberger Bach

Es gab einmal einen Wald, in dessen Tiefen sich ein Bach befand. Vor den Tiefen des Waldes lebte ein Mädchen, das weder Vater noch Mutter hatte. Dieses Mädchen fand zur

Quelle und da es durstig war, trank es von seinem Wasser. Als sie dieses Wasser gekostet hatte, waren alle ihre Sorgen verschwunden und sie blieb für immer in diesem Wald.

Man sagt, sie beschützt diesen Wald mit all seinen Mitbewohnern.

Wenn die Weide singt
von Johanna Maria Andreas

Eines schönen Morgens,
als die Weide sang,
kamen alle Waldbewohner angelaufen,
um ihr zu lauschen.
Wenn die Weide singt,
sind alle voller Energie

und können den Tag starten.

Wenn früh die Sonne scheint
Und niemand weint,
da singet die Weide.
Das klingt über die Heide.
Der Morgen ist taufrisch.

Linnea umarmte Anna. Sie wusste, dass sie nun die 9. Aufgabe gelöst hatte. Sie ging den Wilden Bach entlang und stand plötzlich neben einem Teich. Als sich ihr Gesicht im Wasser spiegelte, hatte sie ihre eigentliche Gestalt wieder angenommen. Und Anna? Anna war eine Erinnerung. In der Nähe des Teiches wuchsen Rosen, wunderschöne Rosen. Im Übermut zogen ein paar Kinder im Spiel an den Pflanzen. Sie hob die Blüten auf und sang das Lied: „Sah ein Knab ein Röslein stehn." Erst jetzt bemerkten die Kinder die kleinen Stiche an ihren Händen und Armen. Linnea fand ein paar Breitwegerichblätter und legte sie auf die Wunden der Kinder. Dabei erzählte sie:

Rosen - einfach nur so -
von Johanna Maria Andreas
und Richard Friedrich Leutritz

Es gab einmal eine Rose, die keine Farbe hatte. Diese Rose wünschte sich nichts anderes als endlich eine Farbe zu bekommen. Die anderen Rosen hatten alle Farben. Die farblose Rose wuchs an einem Baum. Jeden Tag fragte sie den Baum, ob er ihr nicht Farbe abgeben könnte. Eines Tages hatte der Baum Mitgefühl mit ihr und gab ihr von seiner grünen Farbe etwas ab.

Es waren einmal zwei Rosen – eine rote und eine grüne Rose. Sie waren verwandt. Die Vögel rochen den Duft und flogen zu ihnen hin. Die Wurzeln der Rosen gingen bis zum Urwasser in unserer Erde. Darunter gab es Braunkohle und darunter fing der

Erdmantel – das Unbekannte -
an.
Wenn man heute in die Stadt
geht, kann man die Rosen
noch sehen.

Linnea lief danach über die Hängebrücke. Das war nun die letzte gute Tat der „Riesenkatze". Sie dachte: ‚Jetzt komme ich zurück auf meinen Planeten. So wartete sie eine Stunde, zwei Stunden... Nichts geschah. Es verging eine Woche: „Ach, Mann, ich brauche noch einen, der mir helfen kann. Blub! Da stand sie plötzlich im Kolosseum. „Was soll ich denn hier?", dachte die Riesenkatze entsetzt. „Oh, wieso, was? Okay.", sagte sie, als sie herab schaute und bemerkte, dass sie wieder ihr Fell und ihre Glieder zurück hatte. Da kam ein kleiner Vogel. Die Katze wollte ihn schon fressen. „Halt! Stopp! Friss mich nicht!", sagte der Vogel. „Ich heiße Arthur und ich kann dir helfen." Arthur flog Kreise, immer schnellere Kreise. Plötzlich öffnete sich ein schwarzer Tunnel umgeben von bunten Farben. Die Riesenkatze sprang hinein:

Im Nu kam sie auf ihrem Planeten an. Ein zweites Wunder geschah. Der Planet war jetzt eine mit Menschen überfüllte Metropole. „Danke, Arthur, du hast mir meinen Wunsch erfüllt, rief sie mit Freudentränen in den Augen. Endlich hatte sie ihre Gefühle zurückbekommen.

Und mit Gefühl konnte sie sich den Menschen zuwenden:

Die Eiche im Stadtpark　　**The Oak Tree in Town Park**

AG Mein erstes Buch:
von
Nick Böttger
J.O.
Erik

mit Begleitung von
Anett Leutritz

AG Mein erstes Buch
(My first book) by
Nick Böttger
J.O.
Erik

accompanied by
Anett Leutritz

[39]

Für mich, für dich, für uns, für euch
For me, for you, for us, for them

Unter diesem Motto sind bereits folgende Bücher
entstanden:
Following books are created under this motto:

Titel	Jahr
+ Stimmen unserer Erde	2008
+ Ein Eisbär in China	
(A Polar Bear in China, Un oso polar en China)	2008
+ Ein Eisbär in China besucht die Grundschule	
Bergsiedlung	2009
+ Ein Eisbär in China und zwei Bären allein auf der	
Schildkröteninsel	2009
+ Emilia – diesseits und jenseits des Atlantiks, einschließlich	2011
Uraufführung in Zeitz am 24. Mai	2014
+ „Mein erstes Buch"	2012
+ Zeitz – die unbekannte Stadt	2013
+ Nah und fern	2014
+ Feuerwerk	2014
+ Zwischen Ackerschachtelhalm und Zinnkraut	2015
+ Bühnenstück	2015
+ Ein Eisbär in China besucht die Grundschule Zeitz-Ost	
+ Laßt uns mit Freude singen	2015
+ Märchenhafte Weihnachten 2016	2016
+ Englisch mit Muse in der VHS Zeitz	2016
+ Deutsch in Tröglitz sowie Deutsch an der Berufsschule	2017
Zeitz	
+ Ein Buch für Zeitz	2017
+ Reise mit dem Schulschiff Zeitz-Ost	2017
+ The oak-tree in town park	2018

Vielen Dank: (in chronologischer Reihenfolge)

der Familie, die diese Arbeit auf allen Bereichen seit 2008 unterstützt

Thomas Volk für die Transkription des Liedes „Für eine Welt" von Anett Franke (Leutritz)

Nazanin aus Afghanistan in den Berufsbildenden Schulen Zeitz für das Bild der drei Tomaten vom Herbst 2017

3. und 4. Klasse der Grundschule Zeitz-Ost für die Tauben und Kraniche im Schüleraustausch mit der Partnerstadt Tosu in Japan 2018

Frau Kümmel und Herr Kerta für die Einladung in das Geschwister-Scholl-Gymnasium Zeitz und die Korrekturen im Buch

Nathan und Cheyanne aus Dewitt, Arizona (USA) während des Schüleraustausches Bradshaw Mountain Highschool Prescott - Zeitz

Georg Leutritz: für den Entwurf des Buchcovers

Frau Scharobe: für das Lektorat

Schulförderverein des Geschwister Scholl-Gymnasium: für die Unterstützung bei der Verwirklichung dieses Buches

Thank you: (in chronological order)

Family: which has supported that work within all areas since 2008

Thomas Volk: for the transcription of the song „Für eine Welt" (For one world) by Anett Franke (Leutritz)

3rd and 4th grade of Preliminary School Zeitz-Ost: for creating doves and cranes in 2018 during a project for the exchange with our sistertown Tosu in Japan

Nazanin: from Afghanistan within the professional school Zeitz for the photo of the three tomatoes in harvest 2017

Mrs Kümmel and Mr. Kerta: for the invitation to the highschool Geschwister-Scholl at Zeitz and the corrections within the book

Nathan and Cheyanne: from Dewitt attending Bradshaw-Mountain-Highschool in Prescott (Arizona – USA) for the correction

Georg Leutritz: for creating the cover of that book

Mrs Scharobe: for copy-editing

Friends' association of the GSG Zeitz: for the support in realizing the project

Wir schreiben das Jahr 2038. Jorge will von Muna in eine kleine Stadt – irgendwo auf dieser Erde. Er weiß weder den Namen der Stadt noch wohin er genau wollte. Er läuft einfach los. Doch zuvor nimmt er ein wenig von der roten Erde in einen kleinen Beutel, legt beide Hände auf den Boden, bedankt sich und sagt: „Ich komme wieder."

Die Hitze verbrannte die letzten Tomaten-, Paprika-, Gurken-, Mais- und Bohnenpflanzen auf dem kleinen, von kargen Büschen und Sträuchern umgebenen Feld in seiner Heimat. Nur noch wenige Vögel sangen. Die Ernte war schon seit Jahren gering und die Großkonzerne auf ihren Megafeldern haben schon lange zuvor das durch sie selbst verwüstete Land verlassen, nachdem sie den Kleinbauern das Land geraubt hatten und damit die Lebensgrundlage aller.

Was war geschehen?

2019 war Jorge 14 Jahre jung. In seinem Dorf teilte man die Pflanzen auf kleine Felder auf, brachte verschiedene Saaten zu

The year is 2038. Jorge wants to move from Muna to a small town - somewhere on this earth. He does not know the name of the town or where he wanted to go. He just starts running but, first he takes a little of the red earth in a small bag, puts both hands on the ground, gives thanks and says, "I'll be back."

The heat burned the last tomato, pepper, cucumber, corn and bean plants on the small field surrounded by barren bushes and shrubs in his homeland. Only a few birds sang. The harvest has been low for years, and the big corporations on their mega fields have left their devastated land long ago, after they robbed the peasants of the land and thus the livelihood of all.

What happened?

Jorge was 14 years old in 2019. In his village, the plants were divided into small fields, different seeds at different times had brought

verschiedenen Zeiten in die Erde, die Tiere hatten Namen und man teilte das Fleisch in der Familie. Die Familien wiederum teilten es mit anderen Familien. So dass nichts von dem Tier übrig blieb außer der Dankbarkeit, genug zum Essen zu haben und miteinander leben zu dürfen. Das war einfach und jeder war zufrieden. Jeder war sich bewusst, dass er ohne die anderen nicht sein konnte, und dass jeder, der im Dorf wohnte, mindestens eine Aufgabe hatte, für die er geboren wurde.

Die Mütter und Väter lebten das Leben der Mütter und Väter, so wie diese schon zuvor das Leben der Mütter und Väter gelebt hatten. Tradition nannten sie das und das war die Grundlage für die Entwicklung eines jeden aus sich selbst heraus.

Zusammen mit anderen Familien trafen sie sich in der Dorfmitte unter einem alten Olivenbaum, um miteinander zu sprechen, zu feiern, Gäste von nah und fern zu empfangen und zu verabschieden, und wenn nötig, auch die ein oder

in the earth, the animals had names and they were shared with the families. The families in turn, shared it with other families too so that nothing was left of the animal except the gratitude to have enough to eat and to live together.

That was easy and everyone was satisfied. Everyone was aware that he could not be without the others and that everyone who lived in the village had at least one job for which he was born.

The mothers and fathers lived the lives of mothers and fathers as they had before lived the lives of mothers and fathers. They called this tradition and that was the basis for each one's development.

Together with other families they met in the center of the village under an old olive tree to talk to each other, to celebrate, to receive and say goodbye to guests from near and far and, if necessary, to settle the one or other in justice. Crafts and manual

andere Ungerechtigkeit zu schlichten. Handwerk und Handarbeit wurden gepflegt. Die Qualität der Hängematten und Keramik hatte einen guten Ruf, der weit über die Dorfgrenzen hinaus ging.

Smartphones hielten seit einiger Zeit Einzug im Dorf. Sie waren ganz nützlich. Wenn man mit den Verwandten hinter der Mauer sprechen wollte, ihr Gesicht betrachten wollte; oder wenn der Flugtraktor streikte, dann war es der Mechatroniker, der so gerufen werden konnte.

Ja, Flugtraktoren – eine Erfindung aus den zwanziger Jahren des 21. Jahrhunderts von einer Firma aus Puebla, die nicht nur Beetles – auf Deutsch Käfer - herstellten. Diese völlig neue Technologie ließ den ultraleichten Traktor sanft über den Boden schweben, ohne ihn zu berühren, während der Bauer hinter dem Flugtraktor den Pflug führte. Er selbst hielt den Kontakt zum Boden. Das war so gewollt, denn aus eigener Erfahrung wusste diese

work were maintained. The good reputation of good quality hammocks and ceramics went far beyond the village boundaries.

Smartphone kept moving in the village for some time. They were quite useful. If you wanted to talk to relatives behind the wall, look at their face; or if the air tractor went on strike, it was the mechatronics engineer who was called that way.

Yes, air tractors - a new invention from the twenties of the 21st century from a company in Puebla, which not only produced Beetles.

This all-new technology let the ultralight tractor hover gently over the ground without touching it while the farmer behind the air tractor drove the plow. He himself kept the contact to the ground. This was wanted, because from own experience this company knew that if one loses the soil under the feet and

Firma, wenn man den Boden unter den Füßen verliert und höhere Werte manipuliert, man plötzlich ganz schnell am Abgrund steht. Fernsehen und Radio gab es im Dorf natürlich auch. Doch die Bewohner schalteten diese nur sehr selten ein. Dann wunderten sie sich über das, was als modern über den Bildschirm flimmerte. Jorge hörte Begriffe wie Gender, Genmanipulation, Normung, Glyphosat, Klimaerwärmung, Artensterben, Verwüstung, Vertreibung, Landflucht.... und vernahm sie auch nicht. Um so lauter hörte er die Riesentraktoren in der Ferne, die – so sagte man – den Boden verdichten würden, während sie wie von Zauberhand automatisch ohne Bauer die riesigen Felder bearbeiteten, auf denen meist nur eine einzige Pflanzenart wuchs – über sieben bis neun Pflanzperioden. Anschließend wurde noch ein- bis zweimal eine Flüssigkeit auf die Felder verteilt. Dann wuchsen noch

manipulates higher values suddenly very fast on the abyss stands.

Of course, there were also television and radio in the village but they rarely turned them on. Then they wondered what flickered across the screen as modern. Jorge heard terms such as gender, genetic engineering, standardization, glyphosate, global warming, species extinction, devastation, displacement, rural exodus .... and did not hear it either. All the louder he heard the giant tractors in the distance, which - they said - would condense the ground while they worked automatically, as if by magic, without peasants on the huge fields on which usually only a single kind of plant grew - over seven to nine planting periods.

Then another liquid was distributed once or twice on the fields. After that one last time plants grew and then nothing more. Desert.

[46]

ein letztes Mal Pflanzen und dann nichts mehr. Wüste.

Er nahm dann doch lieber seine kleine Gießkanne, holte Wasser aus dem Cenote und goss die kleinen Olivenbäume, die er selbst gepflanzt hatte. Auch für den Kräutergarten war er verantwortlich und bei der Ernte von den sonnengereiften Früchten war er auch mit dem ganzen Herzen dabei. Natürlich erschien die Arbeit manchmal hart. Doch da gab es die Familie und die Dorfgemeinschaft, die eben mit den vielen kleinen, lustigen und gemeinsam angerichteten Festen die Leben erleichterten. Man tanzte, sang und erzählte gern miteinander. Der Sonnenaufgang und der Sonnenuntergang be-stimmten den Tagesablauf. Der Regen bedeutete Leben und der Wind…., ja der Wind… - brachte die Luft in Bewegung.

So he preferred to take his small watering can, fetched water from the cenote and poured the small olive trees he had planted himself. He was also responsible for the herbal garden and was also wholeheartedly involved in harvesting the sun-ripened fruits.

Of course, the work was sometimes tough, but there was the family and the village community, which eased the harshness with the many small, funny and shared parties. People danced, sang and liked to talk to each other.

The sunrise and the sunset determined the daily routine.

The rain mend to be life and the wind…, yes the wind… - made the air moving.

Einst nahm ihn sein Vater mit auf eine lange Reise. Noch nie zuvor sah er den Regenwald. Nach einer mehrstündigen Busfahrt kamen sie an – Palenque. Sie waren nicht die einzigen Gäste. Auch Gäste aus der weiten Ferne fanden sich am Haus der Kultur und Wissenschaft ein.

His father once took him on a long journey. Never before he had seen the rainforest. After a several hours bus ride they arrived - Palenque.

They were not the only guests. Guests from far and wide visited the House of Culture and Science.

Diese sangen, spielten, tanzten und erzählten Geschichten aus einer Welt, die Jorge völlig unbekannt war. In der Nacht darauf wachte er schweißgebadet auf. Er wusste nicht warum. Doch da war dieses Lied in seinem Ohr, das sich wie ein Wurm tief in seinen Kopf grub:
„Freude schöner Götterfunken, Tochter aus

They sang, played, danced, and told stories from a world totally unknown to Jorge.

He awoke sweaty the night after.
He did not know why. But there was that song in his ear that dug deep into his head like a worm:

Elysium. Wir betreten feuertrunken, himmlische dein Heiligtum. Deine Zauber binden wieder, was die Mode streng geteilt. Alle Menschen werden Brüder, wo dein sanfter Flügel weilt." Götterfunken? Elysium? Heiligtum? Mode? - Was ist das?

Jorge schaute aus seiner kleinen Hütte hinaus. Es war eine klare Nacht, so wie die meisten Nächte. Sogar ein paar Glühwürmchen tanzten ihren Reigen und der große Wagen am Himmel lud zu einer kleinen Reise zu den Sternen ein. Welch ein Zauber!

Beim ersten Hahnenschrei aber wachte er auf. Da lag er auf der Erde und die ersten Sonnenstrahlen kitzelten seine nackten Füße.

2038 kitzeln auch seine Füße. Allerdings auf den Fußsohlen der Sandalen, die ihn nun schon fast sechshundert Kilometer durch wüste Landschaft mit einzelnen kleinen Oasen begleiten. Hier und da sieht er den schwarzen Asphalt, der durch die Hitze unbrauchbar wurde. Gräser sprießen

"Freude schöner Götterfunken, Tochter aus Elysium. Wir betreten feuerertrunken, himmlische dein Heiligtum. Deine Zauber binden wieder was die Mode streng geteilt. Alle Menschen werden Brüder, wo dein sanfter Flügel weilt." Götterfunken? Elysium? Sanctuary? Fashion? - What's this?

Jorge looked out of his little hut. It was a clear night, like most nights.

Even a few fireflies danced their rounds and the Big Car in the sky invited to a little trip to the stars.

What magic!

At the first cockcrow he woke up. There he lay on the ground and the first rays of sunlight tickled his bare feet.

His feet tickle in 2038 as well. However, on the soles of the sandals, which now accompany him almost six hundred kilometers through desert landscape with individual small oases. Here and there he sees the black asphalt, which became unusable due to the heat.

durch die Ritzen. Nur noch ungefähr 800 km – dann ist er in der Hauptstadt von Mexiko. Zentrum, Zentrum Zentrum. Es ist schon ein weiter Weg von Muna bis Mexiko-Stadt. Die Tage und Nächte vergehen. Dann liegt sie vor ihm – die riesige Stadt eingehüllt in einen grauen Schleier.

Grasses sprout through the cracks. Only about 800 km - then he is in the capital of Mexico.
Center, center, center. It's a long way from Muna to Mexico City.
The days and nights pass. Then she lies in front of him - the huge city wrapped in a gray veil.

Doch den Weg zum Zentrum zu finden, erscheint ihm hier fast unmöglich. Erschöpft setzt er sich auf einen Baumstumpf und berührt sanft den Grasbüschel nahe der Wurzel. Das letzte Grün droht sich in Gelb zu wandeln. Flink nimmt er seine Trinkflasche und teilt ein paar Tropfen Wasser mit der zarten Pflanze. Dann läuft er weiter – irgendwie irgendwohin. Plötzlich steht er vor einem großen Gebäude.

But finding the way to the center seems almost impossible. Exhausted, he sits down on a tree stump and gently touches the tuft of grass near the root.
The last green threatens to change into yellow. Quickly he takes his drinking bottle and shares a few drops of water with the tender plant.

Then he keeps walking - somehow somewhere. Suddenly he is standing infront of a big building.

Er zögert kurz, doch dann geht er hinein. Zahlreiche Figuren, Steine und Ornamente umkreisen ihn. Einige davon kommen ihm bekannt vor. Doch eins sticht ihm plötzlich ins Auge. Dieses Grün, diese Größe! Nein, es ist keine Pflanze. Vielmehr Vogelfedern in einem wunderschönen Ensemble. Selbstverständlich hat er von der Geschichte gehört:

‚In Großmut gab der letzte Sprecher aus dem Land, dass sie selbst Anahuak nannten, das Heiligtum an die Armierten von jenseits des Ozeans weiter - in der Hoffnung, dass wenigstens ein paar Menschen auf der anderen Seite des Atlantiks verstehen würden.

‚Haben sie verstanden?'

He hesitates but then he goes inside. Numerous figures, stones and ornaments surround him. Some of them are familiar to him, but one thing suddenly catches his eye. This green, this size! No, it is not a plant, rather bird feathers in a beautiful ensemble.

Of course he has heard of the story:

"In generosity, the last spokesman in the country, calling themselves Anahuak, passed the sanctuary on to the armored from across the ocean in the hope that at least some people across the Atlantic would understand."

‚Did they understand?'

Atlantik? Atl bedeutet Wasser und Atlatl ist ein Wurfgerät. Mit Steinen und Pfeilen gegen Mauern werfen, macht sich nicht gut. Aber so ein paar Wasserspritzer – über den Atlantik…!?'
Da fällt ihm ein Schüleraustausch von seinem Cousin aus Prescott in Arizona ein. 2018 reiste er in die Sistertown (Schwesterstadt) Zeitz, wie er sie vorstellte. Er zeigte Bilder von dieser Stadt und Schüler, die sich um die Neugestaltung einer zerstörten Wand am Freibad bemühten: Da gab es wohl einige Bilder, die inspirierten, bevor es entstehen konnte:

Atl means water and Atlatl is a throwing device. Throwing stones and arrows against walls does not make you feel good, but a few splashes of water - across the Atlantic.. !? Then he remembers a student exchange from his cousin from Prescott in Arizona. In 2018 he traveled to the sister town Zeitz, as he introduced her. He showed pictures of this town and students struggling to redesign a ruined wall at the outdoor swimming pool in this town: there were probably some pictures that inspired before it could arise:

Nun ist immer noch das Jahr 2038,: Nach so langer Zeit ist sie wieder zu Hause – die Kopelli Quezalli.
Was bedeutet das?
Jorge verläßt das Gebäude und genießt die Abendsonne. „Was machst du da?", fragt ihn ein Kind, als er gerade seinen Hut abnimmt und sich an alle Richtungen wandte. „Ich zeige, dass ich glücklich und dankbar bin.", lächelt er dem Kind zu. Dann setzt er seinen Weg fort.

Now is still the year 2038 and after all: after so long time she is back home - the Kopelli Quezalli.
What does that mean?
Jorge leaves the building and enjoys the evening sun. "What are you doing there?", A child asks him as he just takes off his hat and turned in all directions. "I show that I am happy and thankful", he smiles at the child. Then he continues on his way.

Teotihuacan: das Haus des Quetzalcoatl, der Platz der Wikinger, das Haus der Sonne, das Haus des Mondes, da war doch noch etwas… Er holte einen Stein aus seiner Tasche, den er vor langer Zeit geschenkt bekam.

„Der Stein sieht aus wie ein Vogelkopf. Ebenfalls sieht er aus wie eine Muschel. Der Stein erinnert auch an ein Teocalli, eines dieser Energiehäuser, die nicht nur in Teotihuacan zu finden sind.", sprach er leise vor sich hin.

"Wenn man eine Spielzeugfigur daneben stellt, wirkt der Stein wie ein Berg.", grinst ihn verschmitzt ein Junge mit einer hübschen kleinen Nase an. Jorge schaut erst ernst, dann lächelt er und fragt: "STARPEACE?" Der Junge holt eine Figur aus seiner Hosentasche. Dare Vado, den habe ich von meinem Vater." "Und was bedeutet das?", fragte Jorge.

"In einer Schlacht auf Nie-Mode - irgendwo in den weiten der Galaxis - kämpften die Kräfte der Republik gegen die Droiden der Separatisten. Unter der

Teotihuacan: the house of Quetzalcoatl, the place of the Vikings, the house of the sun, the house of the moon, there was something else ... He took a stone out of his pocket, which he got a long time ago.

"The stone looks like a bird's head. It also looks like a shell. The stone is also reminiscent of a Teocalli, one of those energy houses not only found in Teotihuacan, "he said softly to himself.

"If you put a toy-figure next to it, the stone looks like a mountain.", Grins him mischievously a little boy with a pretty little nose. Jorge looks serious first, then he smiles and asks, "STARPEACE?" The boy takes a figure out of his trouser pocket. Dare Vado, I got that from my dad." "And what does that mean?" Jorge asked.

"In a battle on Nie-Mode - somewhere in the far reaches of the galaxy - the forces of the Republic fought against the droids of the separatists. Under the

Führung Obitus Popa zwangen die Truppen das Böse nieder. Aber natürlich nicht allein, denn die Bewohner des Planeten Unicorn, die als Einhörner bekannt waren, halfen der Republik das Böse zu zerschmettern. Sie hatten spitze Hörner, mit denen sie die Droiden aufspießten. Als der Kampf eine Weile tobte, traf der Droidengeneral Privus ein und stürzte sich auf Obitus Popa. Kurz darauf war das erbitterte Duell zu Ende. Das Gute gewann und das Böse verlor."

„Frieden durch Krieg?",

warf Jorge ein.
Jorge gab dem Jungen den Stein.
"Aber…" erklärte der Junge weiter: "Dare Vado hat sich schlussendlich für Lux geopfert. Denn fast wäre Lux gestorben! Zum Glück hat

[55]

Dare Vado erkannt, dass Gerechtigkeit wichtiger ist als Herrschaft. Leider ist er dann den ganzen Reaktorschacht vom Sternenzerstörer heruntergefallen. Danach herrschte trotzdem mit allen fürs erste Frieden und Gerechtigkeit."

Jorge musste grinsen, denn viel verstand er davon nicht. Der Kleine redete ohne Punkt und Komma.

Der Junge holt eine schwarze Augenklappe aus seiner Hosentasche und verdeckt damit sein rechtes Auge: "Piraten!!!" ruft er lauthals und tanzt um Jorge herum. "Bist du sicher?", fragt Jorge irritiert.

"Nein, bin ich nicht. Aber trotzdem kämpfen sie. Doch nicht für den Frieden. Obwohl…, mir kommt es so vor, als ob einige von ihnen für ihren inneren Frieden, also für sich selbst kämpfen."

Jorge greift in seine Tasche und gibt ihm eine Feder von einer weißen Taube. "Hier, die ist für dich. Die habe ich von meinem Vater bekommen." und singt ein

Luckily, Dare Vado has realized that justice is more important than domination. Unfortunately, he then dropped down the whole reactor shaft of the Star Destroyer. Nevertheless for all peace and justice prevailed for the moment."

Jorge had to grin because he did not understand much about the little one talked without . (dot) and , (comma).

The boy gets a black eyepatch out of his pocket and covers his right eye with it: "PIRATES!" He shouts loudly and dances around Jorge. "Are you sure?" Asks Jorge irritated. "No I'm not. They are still fighting. But not for peace. Although ..., it seems to me that some of them are fighting for his inner peace, so for himself ..."

Jorge reaches into his pocket and gives him a feather from a white dove. "Here, that's for you. I got that from my father." He sings a nursery rhyme, which he once

Kinderlied, das er damals dazu in Palenque lernte. „Die Sprache kenne ich! Das ist Deutsch." Dann trennen sich ihre Wege.

learned at Palenque.
"I know the language! That's German. "Then their ways separate.

Jorge verlässt die Stadt und nähert sich einem Dorf. Er geht durch das offene Tor. Hinter einer kleinen Allee von Olivenbäumen sieht er eine alte Kirche. Er öffnet die Tür, zündet zwei Kerzen an – eine für den Vater und eine für die Mutter - geht hinaus, setzt sich unter einen Baum und schaut in den Himmel. Der Wind löst ein

Jorge leaves the city and approaches a village. He goes through the open gate. Behind a small avenue of olive trees he sees an old church. He opens the door, lights two candles - one for the father and one for the mother - goes out, sits down under a tree and looks into the sky.

Olivenblatt von einem Ast und trägt es zum Tor hinaus. Er läuft dem Blatt nach, hebt es vom Boden auf, als es vor seine Füße fällt, und folgt der Straße bis an ihr Ende. Im Staub tummelt sich eine Meute Hunde. Er geht weiter zum Hügel hinauf. Zwischen Basaltsteinen wachsen Agaven. Kräuter säumen den Weg. Plötzlich hört er den Klang einer Flöte. Er folgt der Musik und trifft auf eine Frau mit weißem Haar. „Ma cualli tonalli." ‚grüßt Jorge in der Sprache der Einheimischen. „Buenos diás." ‚lächelt die Frau in gebrochenem Spanisch. Neben ihr liegt ein altes vergilbtes Buch. Sie nimmt es zur Hand und liest: „Ein Mensch stand vor einem Feld und blickte auf die vielen schönen Kräuter, die da so wuchsen: Löwenzahn, Sauerampfer, Brennnesseln, Mausekutteln, Ackerschachtelhalm, Spitz- und Breitwegerich und, und, und – schön umrahmt von Büschen und Bäumen an einem klaren Bach. ‚Da kann man lecker Salat draus machen und heilenden Tee kochen', überlegte der Mensch so vor sich hin. ‚Man könnte aber auch die eine oder andere Kultur dezent dazwischen pflanzen –

The wind loosens an olive leaf from a branch and carries it out to the gate. He runs after it, picks it up from the ground as it falls to his feet and follows the road to its end. In the dust a pack of dogs frolic. He continues up to the hill. Agaves grow between basalt stones. Herbs line the path. Suddenly he hears the sound of a flute. He follows the music and meets a woman with white hair. "Ma cualli tonalli.", Says Jorge in the local language. "Buenos diaz.", The woman smiles in broken Spanish. Next to her is an old yellowed one Book. She picks it up and reads, "A man stood in front of a field and looked at the many beautiful herbs that grew there: dandelions, sorrel, stinging nettles, marmots, field horsetail, ribwort plantain, wide plantain and, and, and - nicely framed by bushes and trees on a clear stream. 'You can make delicious salad out of it and cook healing tea', the human thought to himself.

Kartoffeln zum Beispiel, für eine wohlschmeckende Kartoffelsuppe oder Kartoffelpüree oder Bratkartoffeln........ . Die Kräuter können wir noch obendrauf streuen. Dann schmeckt es unter den schattenspendenden Bäumen noch besser. Im Gebüsch tummeln sich kleine Vöglein, Schmetterlinge, Käfer und selbst eine kleine Spitzmaus schaut aus dem Busch heraus. Der klare Bach singt sein Liedchen, während die Forelle lustig im Takt der Wellen aus dem Wasser springt."

„Wo gibt es das?", fragt Jorge. „Ich kenne diesen Ort.", seufzt die Frau. „...auf der anderen Seite des Atlantiks." Vor vielen Jahren wusste man um den Wert von Erde, Regen, Wind und Sonne. Doch plötzlich sang man nicht mehr: „Hejo, spann den Wagen an. Der Wind treibt Regen über das Land. Hol die gold'nen Gaben. Hol die gold'nen Gaben..." Bald geriet sie in Vergessenheit – Cici, die Hüterin des Weizens, und mit ihr fing die Stadt an zu schlafen – 10 Jahre, 20 Jahre, 50 Jahre, 100 Jahre, 200 Jahre, 500 Jahre................ . Die Menschen begannen zu nörgeln. Wenn einer was war, dann war's der

You could also plant one or the other culture discreetly in between - potatoes, for example, for a tasty potato soup or mashed potatoes or fried potatoes or .... We can still sprinkle the herbs on top. Then it tastes even better under the shady trees.

In the bushes little birds, butterflies, beetles and even a little shrew romp out of the bushes.

The clear stream sings its song while the trout jumps funny out of the water in time with the waves.

"Where is that?", asks Jorge. "I know this place," sighs the woman. "... on the other side of the Atlantic." Many years ago, people knew about the value of earth, rain, wind and sun. But suddenly they did not sing anymore: "Hejo, spann den Wagen an. Der Wind treibt Regen über das Land. Hol die gold'nen Gaben. Hol die gold'nen Gaben..." Cici, the guardian of wheat and with her, the town began to sleep - 10 years, 20 years, 50 years, 100 years, 200

andere. Keiner hatte Zeit für sich selbst, geschweige denn für andere. Die Menschen wussten selbst nicht mehr, wer sie waren, woher sie kamen, wohin sie gehen sollten. Sie wurden schnell wütend und dann…". Die Frau schließt das Buch, schaut zu Jorge und sagt: „Doch dann erinnerten sich einige an die Lieder."

Jorge wischt sich eine Träne aus seinem linken Auge und flüstert: „Nehuan ni tehuan, tehuan ni nehuan." Noch während er aufsteht, beginnt er zu singen: Tonantzin, tonantzin… . Und während er tanzt, formen seine Füße eine Spirale in die rote Erde.

Jetzt rinnt eine Träne aus dem rechten Auge der Frau mit den weißen Haaren. Sie reicht Jorge das Buch, nachdem sie ein getrocknetes Blatt einer Eiche darauf gelegt hat, beginnt ein Lied aus ihrer Kindheit zu singen und spielt dem Hügel eine Melodie auf der Flöte.

Jorge weiß nun, wohin er gehen muss … - … auf die andere Seite des Atlantiks.

„Und wo ist nun die Eiche?",
fragte ein neuer Schüler in Zeitz.

"And where is the oak-tree?" asked a new student at Zeitz.

Das ist ein Neuanfang.

This is a new beginning.

Und der braucht viiiiiiiiiiiel Liebe, Geduld, Kraft und einen Hauch Magie, bis die Kinder auf einer Eiche herumklettern können.

It needs muuuuuuuch love, patience, strength and a touch of magic until the children are able to climb around on an oak-tree.

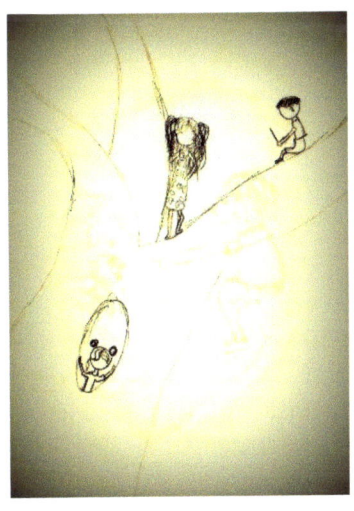

[61]

Der große Berg und der große Baum
von Tobias (2012)

Es war einmal ein großer Berg und ein noch größerer Baum. Sie bewohnten einen großen Kontinent. Die beiden stritten sich ständig, wer überlegener ist und deshalb die Weltherrschaft haben sollte.

Eines Tages sagte der Berg zum Baum: „Ich bin viel breiter und härter als du. Die Weltherrschaft soll also mir gehören." Da erwiderte der Baum: „Ich bin aber viel größer als du und meine Wurzeln gehen tief in die Erde." Ich bin der geborene Weltherrscher." „Ich trage die Erde, damit du wachsen kannst.", entgegnete der Berg. „Und ich halte die Erde mit meinen Wurzeln fest und schütze dich mit meiner Krone, damit der Wind die Erde nicht erreichen kann.

Irgendwann dachte der Berg: ‚Das geht so nicht weiter.

Der Baum braucht mich und ich brauche auch den Baum.' Und genau das dachte der Baum vom Berg auch. Und in diesem Moment sagten beide: „Friede."

Der Baum, der 1000 Jahre alt war und deshalb auch sehr weise, schlug vor: „Wir können uns die Weltherrschaft teilen. Du bekommst eine Hälfte und ich die andere." Der Berg hielt das für eine wunderbare Idee und sagte: „Einverstanden."

So hatten der Baum und der Berg Frieden geschlossen und teilten sich die Weltherrschaft. Bald gesellten sich auch Tiere und Menschen zu ihnen, um mit ihnen zusammenzuleben und voneinander zu lernen, aber auch um zu streiten.

Und wenn sie nicht zu lange gestritten haben, dann leben sie noch heute.

3. Oktober 2018 – Großer Park in Dresden

*Doch ungebrochen ist die
Kraft,
die aus der anderen
Hälfte Eicheln schafft.*

*Ist das die Liebe?
Ist das das Leben?
Wonach wir letztlich alle
streben?*

*Was ist unser Streben in
unserem Leben?
Ist es mit den Füßen über
der Erde zu schweben?
Oder ist es mit den Füßen
auf der Erde zu gehen,
offenen Auges die Welt zu
sehen, mit den Händen
fest einen Baum zu
umfassen, damit er uns
lehrt unseren Verstand zu
erfassen?*

*Der Baum, er wird dir dankbar sein, denn seine Wurzeln
gehen tief in die Erde hinein. Er kann nicht laufen, so wie
du. Er lebt sein Leben in aller Ruh. Er ist verbunden mit
dem Himmelsreich durch seine Krone sanft und weich.*

[64]